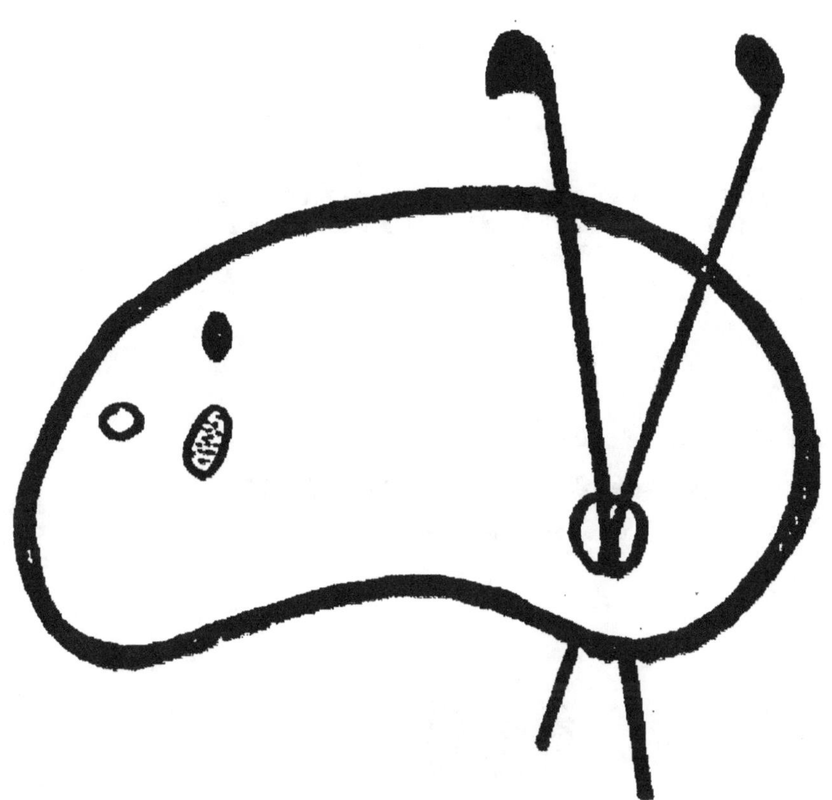

DEBUT D'UNE SERIE DE DOCUMENTS
EN COULEUR

LES
SERORS MENUDETES

DE L'ORDEN DE SANCTA CLARA

ET

LES FRÈRES MINEURS

DANS LE PAYS DE MARSAN

PAR

L'ABBÉ J.-J.-C. TAUZIN

Curé de Saint-Justin-de-Marsan

AUCH

IMPRIMERIE ET LITHOGRAPHIE G. FOIX, RUE BALGUERIE

—

1896

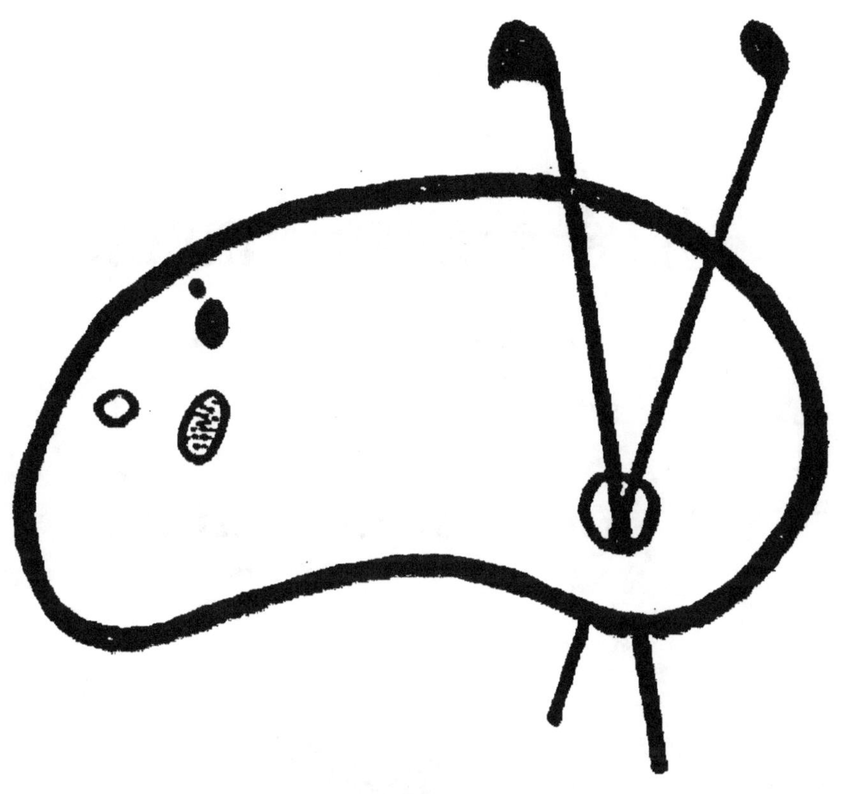

FIN D'UNE SERIE DE DOCUMENTS
EN COULEUR

LES
SERORS MENUDETES

DE L'ORDEN DE SANCTA CLARA

ET

LES FRÈRES MINEURS

DANS LE PAYS DE MARSAN

PAR

L'Abbé J.-J.-C. TAUZIN

Curé de Saint-Justin-de-Marsan

AUCH

IMPRIMERIE ET LITHOGRAPHIE G. FOIX, RUE BALGUERIE

—

1896

LES « SERORS MENUDETES DE L'ORDEN DE SANCTA CLARA »

ET LES FRÈRES MINEURS

DANS LE PAYS DE MARSAN

La Providence, qui gouverne le monde et sauve les nations de leurs folies, quelquefois malgré elles, donne à chacune des générations qui se succèdent ici-bas les remèdes appropriés aux maux qui les affligent, en multipliant au sein de la société chrétienne les institutions monastiques, qui sont la formule la plus parfaite de l'esprit évangélique. C'est ainsi que pour combattre les hérésies, toujours renaissantes malgré les défaites qui leur étaient infligées, pour lutter contre la décadence des mœurs, accentuée par un long contact avec l'Orient, le xiiie siècle, si favorisé sous tous les rapports, fut marqué par la fondation et la rapide expansion de deux ordres nouveaux, les Frères Prêcheurs et les Frères Mineurs, qui ont gardé jusqu'à nos jours toute leur jeunesse et leur activité. Mais il est dans les décrets divins « que rien de grand ne puisse paraître dans l'Eglise sans qu'une femme y ait part[1]. » C'est ainsi qu' « à l'homme de sa droite, au Réformateur ombrien déjà si puissant par lui-même, la Providence associe une coadjutrice digne de lui, l'illustre vierge Claire, qui sera la mère des Pauvres Dames, comme il est le patriarche des Frères Mineurs[2]. » Les deux instituts grandirent parallèlement et subirent les mêmes vicissitudes. Notre midi, où depuis cent ans l'hérésie semblait s'être naturalisée et ne succombait que pour renaître sous une autre forme, offrait un champ trop favorable au zèle des nouveaux apôtres pour ne pas être

(1) Ozanam, *Le purgatoire de Dante*, page 568.
(2) R. P. Léopold de Cherancé, *Saint François d'Assise*, page 122.

promptement exploré. A la suite du Chapitre général de 1217, Christophe de Romagne et son compagnon le frère Pierre, fidèles aux instructions du séraphique Père, et grâce à la protection des seigneurs de l'illustre maison de Lévis, avaient fondé un couvent à Mirepoix, dans le comté de Foix[1], et créé ensuite divers foyers de vie franciscaine dans le Languedoc et la Guyenne. En 1224, au moment où Louis VIII, obéissant au signal donné par Honorius III, mettait l'épée de la France au service de la cause religieuse, désireux de seconder ses efforts, saint François envoyait la perle de son ordre, saint Antoine de Padoue, pour combattre avec d'autres armes les combats du Seigneur. Les Dames de Saint-Damien firent leur apparition à la suite des Frères Mineurs, et à peine en possession du pays de Marsan (1251), le vicomte de Béarn, Gaston VII (1251-1270), et sa femme Mathe s'empressèrent de combler de faveurs celles qu'ils trouvèrent établies au milieu des populations soumises à leur autorité.

Dès les premiers âges du christianisme, sous l'inspiration de la foi nouvelle et à l'exemple des évêques, protecteurs-nés des faibles et des malheureux, « pour éteindre dans l'onde de la charité les feux de leurs péchés[2], » les fidèles consacraient une partie de leurs biens à la construction de demeures hospitalières qui servaient de refuge aux malades et aux infirmes. Si l'on rencontre ces pieuses fondations disséminées dans tous les diocèses, le plus souvent il est impossible de retrouver la date de leur premier établissement : ainsi en est-il de celle dont nous voudrions retracer rapidement l'histoire. Tout ce qu'il nous est permis de constater, c'est qu'en 1253, l'année même de la mort de sainte Claire, « les dames-sœurs,

<hr>

(1) Chalippe, *Vie de saint François*, t. 1, p. 209, 283-287. — Guy de Lévis mourut en 1219 et fut inhumé dans la chapelle des Franciscains bâtie à ses frais.
(2) De Rozière, *Recueil de formules*, ii, 717.

nones ou pauvres recluses de saint Damien[1] » étaient
déjà fixées au quartier de Saint-Laurent-d'Auranet
(Frèche)[2], dans une modeste demeure appelée « Mazon
de Diu »; et plus tard les religieuses affirmèrent que ce
fut le premier couvent de leur ordre établi en France[3].
Comme de son vivant sainte Claire avait envoyé, en
1240, un essaim de ses religieuses à Béziers, si les prétentions de celles de Beyries étaient justifiées — et rien
ne nous autorise à douter de leur parole — il faudrait
donc reculer au-delà de 1240 la date de leur apparition
au pays de Marsan.

Une forêt considérable, celle de Fraxinon, s'étendait
encore sur l'emplacement de la future bastide qui devait
prendre son nom; mais ce coin privilégié du Marsan,
situé sur la limite extrême des Landes, avait dans tous
les temps attiré l'attention des possesseurs de ces régions.
Deux postes militaires (Tchicon et La Sablère), signalés
au quartier de Saint-Etienne, le nom de côte de Cinna
donné encore de nos jours au chemin à pic qui passe
entre eux et au sommet duquel on montrait les chênes
de Cinna[4], les mosaïques, les objets de campement décou-

(1) Archives des Landes, II. 232.
(2) *Gall. Christ.*, I, col. 1,185.
(3) Archives des Landes, II. 197.
(4) Si nous n'acceptons pas aveuglément toutes les traditions populaires, nous
croyons qu'il est parfois imprudent de les rejeter en bloc, sans chercher à déga-
ger les éléments historiques qu'elles peuvent renfermer. Deux personnages
romains ont porté le nom de Cinna; le plus jeune, L. Cinna, immortalisé par les
vers de Corneille, aurait été de la part d'Auguste l'objet d'un acte de clémence
qui honora grandement ce prince. Or Sénèque, le philosophe, qui raconte ce
trait (lib. I, *de Clementia*, chap. IX) dit que la scène se passa en Gaule; il ajoute
qu'après avoir accordé à Cinna le pardon de son crime, Auguste le traita comme
un ami et lui fit obtenir le consulat. Cinna conspirant dans la Gaule pourrait
donc être le personnage dont le souvenir est attaché à ce point du Marsan. La
plupart des érudits admettent plutôt que l'habitation dont les mosaïques indi-
quent la place a servi de séjour au premier Cinna, beau-père de César et
partisan de Marius. Pendant la guerre civile on le trouve combattant avec Sertorius et lié avec lui d'une grande amitié; ce qui nous autorise à penser que ces
deux chefs s'étaient déjà rencontrés dans ces régions lointaines. On n'oublie
pas, en effet, que c'est parmi les tribus qui habitaient les deux versants pyré-
néens que Sertorius avait ses partisans. C'est là aussi que pendant huit ans il
tint en échec la fortune de Pompée.

verts en ces lieux [1] prouvent clairement que les Romains ne les avaient pas négligés; comme les ruines d'une charmante église romane nous apprennent qu'après les invasions des IXe et Xe siècles, c'est encore sur ce point que les populations échappées à la destruction vinrent de nouveau se grouper. On ne sera donc pas surpris que ces campagnes si tranquilles aient ensuite été choisies pour servir de retraite aux filles de sainte Claire; et si Gaston VII n'eut pas la consolation de les y appeler, du moins c'est lui qui par ses générosités devait assurer la stabilité de leur séjour.

L'un des hôtes habituels de la Cour d'Henri II d'Angleterre, Guillaume Gausbert [2], possédait dans ces régions de vastes domaines, que protégeait un château construit à l'extrémité du plateau de Larose, au point qui surplombe le confluent des ruisseaux de Lacquy et du Frèche [3]. Le séjour auprès du monarque anglais était onéreux pour ses courtisans; aussi pour réparer le désordre de ses finances (*per sa grande necessitad*), Guillaume consentit à céder à Gaston VII, moyennant 6,400 sols bons morlans [4], ces terres qu'il tenait de sa mère Na Gazen de Beyris. Le contrat fût passé au mois de mai 1256 [5], en présence de Géraud V, comte d'Armagnac, qui devint gendre de Gaston [1260 [6],] de Pierre Espanh, archevêque d'Auch, et

(1) P. Labat, *Revue de Gascogne*, tome XIV, page 375.

(2) C'est sans doute ce nom qui a induit en erreur un de nos compatriotes, brillant écrivain, mais médiocre historien, qui a écrit que l'abbaye fut « d'abord fondée à Beyrie ou au château de Gaube. » (F. Dulamon, *Les Chartes de Mont-de-Marsan. — Documents historiques sur la ville de Mont-de-Marsan*, page 89. — Mont-de-Marsan. 1850).

(3) Ces deux cours d'eau forment un ruisseau assez important qui, après avoir donné le mouvement aux moulins de Beyries et de Pleguebern se jette dans le Midou, au nord d'Ognoas.

(4) Cette somme représenterait 60,200 sols tournois, 96,000 francs de notre monnaie.

(5) Archives des Landes, II. 169.

(6) Il épousa en 1260 Mathe, fille de Gaston VII, et était mort en 1265 (*Art de vérif. les dates*, II, page 274.

de Pierre Pocq, évêque d'Aire[1]. Le vicomte de Marsan fit alors construire entre les deux petits cours d'eau et à l'ombre du château de Beyries la demeure qu'il destinait aux religieuses et dont les derniers vestiges n'ont pas encore disparu. De son côté, Mathe voulut prendre part à cette fondation; à cet effet, elle acquit de Na Seguin de Moncrabeau et de ses fils Vidau et Raymond de Pis, au prix de 1,100 sols morlans, la terre d'Estigarde, qu'elle donna avec tous les droits seigneuriaux aux Sœurs de la maison de Dieu qu'elle et son mari avaient établies à Beyries *a honor de Diu et a servitud deus praubes* (1261). Pour compléter son œuvre, Gaston avait appelé à Mont-de-Marsan les Frères Mineurs, dont le couvent fut construit rue Saint-Sever (1260)[2]. Le pape Urbain IV (1261-1264) ordonna par une bulle que les pauvres recluses de l'ordre de saint Damien prendraient désormais le nom de leur fondatrice, et Eugène IV (1431-1437), qu'elles seraient soumises à « la conduite et direction des Frères Mineurs appelés de l'observance régulière[3] ».

A la tête de la nouvelle fondation, Gaston avait placé sa fille Gilette[4] (1253-1270). Il voulut lui assurer une situation digne de sa haute naissance et « lou dimenche devant la feste de sante Marie-Magdelaine, xii dies a l'eysit deu mez de juillet Anno Domini mcc septuagesimo ». (12 juillet 1270), de concert avec « Mate sa mouilher », il octroyait « à l'avan dite meysoun et a las sors et als frays

<hr>

(1) L'*Ordo* diocésain ne nomme que Pierre II de Bétous, dont il fixe l'épiscopat de 1267 à 1284. Le *Gallia Christiana* (tome 1, col. 1.186) l'appelle Raymond et dit qu'il céda aux religieuses les dîmes de ces terres le 17 décembre de cette même année 1236. Ce serait donc Raymond II de Saint-Martin (1253-1266) et Pierre aurait signé la charte solennelle de 1270, à moins qu'il ne faille ajouter ce Pierre Pocq à la liste des évêques d'Aire. Mais à quelle date?...

(2) Archives des Landes, II. 150. Acte de fondation d'un obit de cent florins annuels par Gérard Cardon de Souprosse. La date de 1270 donnée par Dulamon (*op. cit.*, page 89) est donc à corriger.

(3) Archives des Landes II. 232.

(4) Probablement une fille naturelle, car Guillaumette, la quatrième fille de Gaston et de Mathe, fut mariée (en septembre 1281) à l'infant don Pedro d'Aragon.

et als habitadors deu dit loc », des lettres « oubertes, sagerades en pendens deu noste propy saget et sagerades ab lou saget de l'onorat payre en Christ Monseignour En P. per la gracy de Diu avesque d'Ayre et de santo Quitteyro », contenant l'énumération des largesses qu'il faisait aux religieuses et qui furent confirmées par ses trois filles Constance, Marguerite et Mathe[1]. L'évêque d'Aire était présent pour recevoir la donation. Elle se composait « du sirmenage[2] et de la rente de 200 sols morlaas (3,000 fr.) du péage de la ville de Mont-de-Marsan[3], des fiefs et sirmenage du lieu de Vielenave, du moulin de Lusson, des questes et servitudes des hommes et des femmes du lieu de Saint-Martin[4], du sirmenage du château de Roquefort et de Penecadet, du pascage par toutes leurs terres du bestail du monastere, de toute la terre de Beyries avec tous ses droits et la juridiction excepté celle du sang et de meurtre, des seigneuries d'Estiguardes et d'Eyres, des droits qu'ils possedoient à Caussat et à Bordes avec l'exemption des lods et ventes, peages et leudes par toute leur terre[5] ». Dans son testament (1270), en choisissant sa sépulture au milieu des Minoretas, au monastère de Beyries, Mathe déclare « qu'elle a quarante marcs d'argent assignés sur les lieux de Moneins et de Pontac en Béarn; » elle lègue « sur iceux certaine somme pour bastir l'église des sœurs de Beiries et mille sols morlans aux Frères Mineurs de Mont-de-Marsan et le reste pour marier de pauvres filles dans l'évesché d'Ayre[6]. » Elle confirma les donations

(1) Archives des Landes, H. 175.

(2) C'est le droit que l'on payait au seigneur pour bâtir sur ses terres, une sorte d'impôt mobilier des portes et fenêtres.

(3) Il paraît n'avoir été perçu que dans la partie de la ville située entre les deux rivières (Tartière, *Annuaire des Landes*, 1895, p. 374). En 1770 il était de 6 liards par maison et fut abonné moyennant 30 livres par an. (Archives des Landes, H. 197).

(4) Saint-Martin-de-Noet.

(5) Marca, *Histoire de Béarn*, VII, xv, iv, page 627.

(6) Marca, id. VII, xvi, vii, page 630.

faites aux Clarisses par elle et son mari, « privant de sa succession les héritiers qui voudraient les mettre en dispute: »

La maison de Beyries était un peu isolée et Gaston, prince batailleur, toujours en lutte contre les rois d'Angleterre, attirait ainsi sur ses terres les armes de ses ennemis; par suite, les religieuses se trouvaient exposées à trop d'embarras pour que leurs bienfaiteurs ne dussent pas songer à leur procurer un asile plus assuré. C'était travailler en même temps au développement de cette fondation. Or, un prêtre nommé Arnaud, qui prenait le titre de commandeur, avait, de son chef et sans aucune autorisation, réuni à la porte de Roquefort, à Mont-de-Marsan, un certain nombre d'hommes et de femmes qui desservaient l'hôpital Saint-Jacques [1], fondé par les vicomtes de Marsan [2] en dehors des remparts du Bourgneuf et qui dépendait de l'abbaye de la Grande Sauve *(Sylva major)*. Il avait acquis en sa faveur de Pascal Defès, bourgeois de Mont-de-Marsan, la moitié des dîmes de Saint-Avit pour 1,000 sols morlans. Gaston, alors retenu prisonnier en Angleterre (1275-1277) [3], où il était venu demander grâce à Edward Ier, voulut pourvoir à la sûreté de ses protégées. Il abandonna donc à leur abbesse, Navarre Dourdans (ou Dausdans) tous les droits qu'il avait sur cet hôpital, comme vicomte de Marsan [4]. L'évêque d'Aire, Pierre II, fit comparaître devant lui le commandeur Arnaud, « portant sur son manteau une croix rouge avec une courbure en forme de bâton pastoral de même cou-

<hr>

(1) Archives des Landes II. 170.

(2) Lavergne. *Les chemins de Saint-Jacques*, page 27.

(3) Rymer, *Fœdera*, I, II, page 163, col. 2. — Guillaume de Nangis, tome I, page 244. Marca (*Histoire de Béarn*, VII, XXI, IX, page 644) ne veut pas qu'il ait été prisonnier. Son voyage en Angleterre, dit-il, eut lieu à la fin de 1275 et en septembre 1276, il faisait partie de l'armée qui assiégeait Pampelune sous les ordres du comte d'Artois; mais il est contredit par les historiens anglais.

(4) *Gallia christiana*, I, col. 1,157.

leur, et quelques femmes qui se disaient sœurs, ayant une marque semblable sur leurs habits. » (31 août 1275)[1]. Il ordonna à ces hospitalières de revêtir l'habit des religieuses de Sainte-Claire de Beyries, auxquelles il céda l'hôpital Saint-Jacques avec tous ses droits et ses dépendances. Afin de favoriser un établissement si utile pour son diocèse, du consentement de son Chapitre, il attribua aux religieuses la dîme des biens acquis ou à acquérir par l'évêché à Saint-Laurent de Beyries et celle des terres qui seraient nouvellement mises en culture (1276)[2]. De son côté, l'abbesse Navarre Dourdans acquit pour 1,600 sols morlans toutes les terres cultes ou incultes qu'Arnaud de Corbins avait en Saint-Avit, et acheta pour 500 sols bons morlans à noble Guillaume d'Escalans les dîmes des paroisses de Gontaut, Gontaudès et Garbay, aujourd'hui Saint-Justin[3].

Au moment où Gaston fondait le couvent de Beyries, le soin de leur défense amenait les habitants du Marsan à créer des postes fortifiés pour offrir un asile aux populations rurales continuellement foulées aux pieds par les gens de guerre. Ainsi s'éleva la bastide du Frèche, en ce lieu dont le vicomte de Béarn et sa fille Constance avaient abandonné la seigneurie aux Clarisses[4]. De retour dans ses états, Gaston vint visiter les religieuses, et à cette occasion joignit à ses largesses précédentes les dîmes de Montesquiou en Armagnac, Sainte-Marie de Marnas, Saint-Faudin, Sainte-Marie d'Arrieucabe et Saint-Bodegard[5], « en la vicomté de Bruilhs[6] » (8 juin 1277). Constance ratifia ces donations le même jour. Enfin dans son

---

(1) Archives des Landes, II. 170.
(2) Archives des Landes, II. 172.
(3) Archives des Landes, II. 170.
(4) Id., ibid.
(5) Archives des Landes, II. 172.
(6) Tartière, *Annuaire des Landes*, 1895, page 376.

testament, en même temps qu'il léguait 200 sols pour marier les filles de Mont-de-Marsan et 500 pour celles de Gavardan, Gaston laissait aussi 20 sols morlans aux Cordeliers de Mont-de-Marsan, 20 aux religieuses de Sainte-Claire, 20 à l'hôpital de Caubin, 10 à celui de Peyrehorade et 20 à celui du pont de la Faderne (Haderne) sur la rive gauche du Leuy de France, à Argelos [1].

A la mort de ce prince (1290), le comte d'Armagnac, Bernard VI, réclama le Marsan au nom de sa mère Amathe, fille de Gaston. Malgré la convention faite à Morlas (7 mai 1290), ce fut le signal de longues guerres. Bernard ouvrit les hostilités en s'emparant du château « de Fraixe (Le Frèche), qui est des apartenances de Marsan [2] ». La maison des Clarisses était trop près de la citadelle féodale pour ne pas ressentir le contre-coup de cette invasion. Elle fut donc complètement ruinée et les religieuses durent se réfugier près de leurs sœurs de Mont-de-Marsan, sans cependant abandonner leur premier asile, où elles reparaissaient dès qu'une trêve passagère mettait fin à ces luttes qui devaient durer cent ans. C'est ainsi que nous les voyons, d'accord avec Constance, à qui une décision provisoire de Philippe Le Bel venait d'attribuer le Marsan (Noël 1303), se préoccuper d'organiser la bastide nouvellement construite au Frèche, en donnant aux habitants des fors et coutumes conformes à ceux du Marsan [3] (1305). La communauté se trouva formée des paroisses de Saint-Pierre de Noët (Le Frèche), Saint-Vidou, Goussies, Saint-Étienne, Saint-Laurent et Lacquy [4]. Son bailliage ou juridiction judiciaire confrontait « du levant aux paroisses de Houeilles et Mauléon, du midi aux paroisses de

(1) Archives des Basses-Pyrénées, E. 293. — Marca, *Histoire de Béarn*, VII, XXX, III et VIII, pages 674-675.
(2) Marca, *Histoire de Béarn*, VII, XIX. III, page 793.
(3) Archives des Landes, II. 173.
(4) Archives des Landes, II. 208.

Arthez et Lovignoas (Ognoas), la rivière du Midou entre deux; du couchant à la juridiction de Villeneuve et de Pouydesseaux; du nord aux juridictions de Roquefort, Saint-Justin et Lacquy[1]. Dans ce territoire, les religieuses eurent la justice civile, « sauf la justice de sang et meurtre », qui était réservée aux quatre jurats élus, un par Saint-Pierre et Saint-Etienne, un par Saint-Vidou, un par Goussies et Saint-Laurent et un par Lacquy[2].

La vicomtesse de Marsan n'était pas seule à témoigner de la bienveillance aux religieuses[3]. A sa demande l'abbé de la Grande-Sauve leur abandonnait tous les droits qu'il avait sur l'hôpital Saint-Jacques (5 mars 1308). En 1310, Alimond, écuyer, seigneur de Benquet, leur vendait moyennant vingt florets de piastres nègres le droit de faire pacager leurs troupeaux sur toutes ses terres, permettant en même temps à leurs bergers de couper du bois l'hiver pour se chauffer et l'été pour construire leurs cabanes[4]. Marguerite, qui succéda à Constance (1312), ne brillait pas précisément par la générosité et cependant elle fit don aux Clarisses de trois saumades (charges) de sel « du salliz de Salies, exemptes, quittes et franches de tout péage. » Le pape Jean XXII confirma les donations faites au monastère par l'évêque d'Aire (1319)[5] et voulut que les religieuses fussent dispensées de payer aux rois et aux princes les dîmes, tailles ou autres subsides quelconques (1320). Aussi lorsqu'en 1329, Philippe VI de Valois eut obtenu de la Cour de Rome les décimes pendant deux ans, Alfonse de Malvède, chanoine de Beauvais, chargé de les recueillir dans les provinces de Toulouse, Auch et Bordeaux, mandait-il à Gérard de Lannevey,

(1) Archives des Landes, II. 216.
(2) C'est ce qui résulte du procès-verbal d'élection du 20 août 1657. (Archives de Saint-Justin, fonds Duclerc).
(3) *Gallia Christiana*, I, col. 1,185.
(4) Archives des Landes, II 174.
(5) Id.

chanoine de Saint-Loubouer, de ne pas contraindre les Clarisses de Mont-de-Marsan à les payer à moins d'avoir un ordre exprès du roi[1].

Les Frères Mineurs[2] n'avaient pas été moins bien traités que les sœurs Minoretes. Nous avons vu que Gaston et Mathe leur avaient fait des legs importants. Constance leur avait abandonné le quart du froment qui lui revenait sur les moulins qu'elle avait fait construire auprès de Mont-de-Marsan (1300), et dans son testament elle leur légua 200 sols de rente annuelle à prendre sur les paroisses de Bougue et Beaussiet[3]. Vers 1360, Miramonde d'Ognoas leur donnait 2,000 florins d'or[4] pour la fondation d'un obit[5] et, en vertu de lettres patentes octroyées à Orthez par Gaston-Phœbus, le 18 juin 1372, les religieux, F. Arnaud-Bernard de Latapy, F. Bernard de Labordenave, F. Gayssis deu Toyar, F. Bernard de Latapy, F. Bidau de Colombiac, F. Ramond Roger, capitulairement assemblés au son de la cloche, reçurent cet argent des mains de Bernard d'Aydie, acquéreur de la baronnie d'Ognoas. Ils se proposaient de l'employer à « restaurer leur couvent et à couvrir le dortoir » et ils promirent de faire ratifier ces conventions par le gardien du couvent dès qu'il serait nommé[6]. On voit que ces religieux et ces religieuses n'observaient pas dans toute sa rigueur la règle de leurs saints fondateurs pour ce qui concerne l'absolue pauvreté. On était déjà loin du jour où sainte Claire résistait aux instances de Grégoire IX, qui la pressait d'accepter quelques possessions pour son Ordre à cause du malheur des temps et répondait au

---

(1) Archives des Landes, H 175.
(2) En 1298, F. Vital de Pouy (*de Podio*) était gardien des frères Mineurs de Mont-de-Marsan. (Archives des Basses-Pyrénées, E. 511).
(3) Archives des Landes, H. 150.
(4) Le florin valait 10 ou 11 francs.
(5) Archives du Grand Séminaire d'Auch, n° 1,845.
(6) Archives du Grand Séminaire d'Auch, n° 1,846.

pontife qui lui offrait de la relever de son vœu : « Saint
Père, je serais heureuse d'être délivrée de mes péchés,
mais je ne veux pas d'une absolution qui me dispenserait
de suivre les conseils évangéliques[1]. » Pour avoir suivi
les conseils de la sagesse humaine en renonçant à ce privilège de la pauvreté perpétuelle qu'Innocent IV, cédant
à ses supplications, avait fini par accorder à la vierge
d'Assise, les enfants de saint François virent leur paix
troublée plus d'une fois par les tracas que leur occasion-
nèrent et les persécutions que leur valurent les terres et
les fiefs concédés par les bourgeois et les seigneurs du
pays. Les Clarisses eurent de nombreux démêlés avec
l'évêque d'Aire, Delphin de Marquefave (1353-1354), qui
disparut sans que ces différends fussent terminés; son
successeur, Bernard II, abbé de Fonfroide (1354-1359)[2],
parvint à rétablir la paix.

La terre d'Estigarde, qui appartenait tout « entière à
ces religieuses, formait une paroisse fort petite isolée au
milieu d'un pays désert... Les habitants, y compris hommes, femmes et enfants, porte un mémoire de 1750, sont
au nombre de cent personnes si grossières et ignorantes
quelles n'ont de l'homme que la seule image. Il n'y en a
que deux qui sachent signer et encore machinalement.
Le plus riche n'a que cent cinquante livres de revenu[3]. »
Les habitants payaient pour toute imposition un présent
de gibier et de volaille aux religieuses; le rôle était
dressé « par des marques faites sur un bâton. » Quelque
peu considérable que fût ce fief, les religieuses furent
souvent troublées dans leur possession. Les habitants de
Geü, au bailliage de La Bastide d'Armagnac, ceux de
Cucasser et de Bréchant, dans la baronnie de Mauléon,

(1) *Acta S. S.*, Vie de sainte Claire. 12 août, page 758.
(2) D'après Oïhenart et le *Gallia christiana*.
(3) Archives des Landes, II. 197. Aujourd'hui Estigarde compte 309 habitants,
dont la situation est bien améliorée.

durent leur demander pardon pour avoir fait paître des porcs dans les vaquants de la paroisse d'Estigarde et s'engager à payer 4 liards 1[2 par porc (1490)[1]. Les divers seigneurs qui se succédèrent à la tête du Marsan s'étaient plu, en faveur des Clarisses, à accorder de nombreux privilèges aux habitants de cette paroisse. Archambauld de Grailly (1398-1412) les avait autorisés à n'aller ni plaider, ni faire le guet à Gabarret, et Gaston IV (1436-1471) avait confirmé ce privilège. Un arrêt du parlement de Bordeaux avait même établi qu'Estigarde ne dépendait pas de la juridiction de Gabarret et ne pouvait être compris dans le rôle des impositions de cette ville : ce fut le principe d'un long procès devant le sénéchal d'Agenais, à Condom. Le syndic du baile, les consuls et les habitants de Gabarret et de la juridiction et Jean de Labicane, délégué du sénéchal de Marsan, attaquèrent les lettres de confirmation de ces privilèges octroyés par Magdeleine de Viane, après tant d'autres vicomtes de Marsan, et par lesquelles il leur était défendu de molester en quoi que ce fût les gens d'Estigarde. Ils prétendaient que ces lettres avaient été injustement obtenues par l'abbesse de Sainte-Claire. Celle-ci fut maintenue dans ses droits, que ses adversaires durent respecter sous peine de vingt marcs d'argent d'amende envers le roi. Sur leur appel, le parlement de Bordeaux confirma la sentence (15 avril 1497) et déclara que, pour ce qui regardait la justice civile, les consuls de Gabarret n'avaient aucune juridiction dans la paroisse d'Estigarde sur les habitants, emphytéotes ou feudataires du monastère, dont toutes les franchises et privilèges furent conservés[2].

Pendant ce temps, les violences n'avaient pas fait défaut et une convention intervint pour y mettre un terme.

---

(1) Archives des Landes, II. 219.
(2) Archives paroissiales de Gabarret, d'après le Vidimus du 20 novembre 1624.

A la suite d'une transaction entre les religieuses et les habitants de la juridiction de Gabarret, les jurats de cette ville s'engagèrent à payer 500 francs bordelois et 5 sols jacquès pour éteindre les poursuites intentées par les Clarisses au sujet de meurtres et excès commis sur les habitants d'Estigarde par Bernard Lasserre, seigneur de La Caze, Ramonet de Losse, Johandon d'Escalan et autres habitants du Gabardan [1]. La paix ne fut guère plus troublée et les religieuses continuèrent de donner à des tenanciers qui les faisaient valoir les terres nombreuses qu'elles possédaient à Villeneuve, Saint-Cricq, Perquie, Eyres, Arthez, Le Frèche, Saint-Laurent, Goussies, Saint-Vidou, Lacquy, Douzevielle, Saint-Martin-de-Noët, Estigarde, Cère, Mont-de-Marsan, Saint-Avit, Sainte-Foy, Campet, Nonères, Saint-Pierre-du-Mont, Saint-Médard-de-Bausse, Saint-Justin. Le fief était de 6 liards par journal, le journal comprenant 25 lattes et la latte 14 pans [2]. Ainsi le sieur de Tampoy pour le château appelé du Frèche faisait 4 sols morlans et 3 arditz de fief [3]. Jean Luebert, du Frèche, tenait à gazaille des religieuses 20 brebis estimées 16 sols chaque, 10 chèvres 12 sols, 1 vache 25 francs bourdelois; il avait affermé également avec Jean Gaube les terres, vignes blanches et rouges, ainsi que les prairies de Beyries, pour cinq charretées et demie de froment, dix mesures de seigle, neuf barriques de vin moitié blanc, moitié clairet [4]. Les Clarisses ne se contentaient pas même de louer les biens qui leur appartenaient et selon les besoins de la communauté elles n'hésitaient pas à les aliéner complètement; aussi François Ier annula toutes les transactions ainsi faites par les religieuses,

(1) Archives des Landes, H. 221.
(2) Archives de Landes, H. 200. Lors de l'hommage devant Pierre Layard (1670), il était 1 sou 6 deniers par journal, et à ce taux les fiefs montèrent à 510 livres 13 sous 9 deniers 6 baquettes. (Archives des Landes, H. 216).
(3) Archives des Landes, H. 207.
(4) Archives des Landes, H. 202.

« qui n'ont pas honte de vendre même à vil prix certaines parties des choses et biens donnés par les bienfaiteurs » (4 avril 1527).

Ce monarque devait bientôt apporter un peu d'animation à la vieille abbaye de Beyries, que la paix conclue entre Béarn et Armagnac (3 avril 1379)[1] avait sans nul doute permis de restaurer. C'est là, en effet, que le 6 juillet 1530 il faisait procéder sans éclat à ce mariage qui lui avait été imposé par le traité de Cambrai (5 août 1529) avec Eléonore, sœur de Charles-Quint. Nous ne nous attarderons pas à reproduire ici les longues dissertations auxquelles cet événement a donné lieu. Dulamon et Labeyrie, reprenant les notes de Dunogué, disent que cette union fut bénite à l'hôpital de Saint-Jacques-du-Bourg-Neuf. Nous ferons remarquer seulement que, tandis que Mont-de-Marsan n'a gardé aucun souvenir d'un fait si important, au Frèche, au contraire, la tradition est constante. Le roi avait son logement au manoir de Tampoy où, jusqu'à ces dernières années, une inscription indiquait aux touristes la chambre qu'il occupa, et le récit d'un témoin oculaire, Sébastien Moreau, qui nous montre la reine montant à cheval à 4 heures de l'après-midi à Mont-de-Marsan pour arriver assez tard à l'abbaye où le roi attendait sa future épouse, devient absolument incompréhensible s'il s'agit de l'hôpital Saint-Jacques, tandis qu'il ne présente pas la moindre difficulté si nous l'appliquons à l'abbaye de Beyries. Voici comment s'exprime le chroniqueur après nous avoir dit que le cortège royal, grossi par les plus hauts dignitaires de la Cour, avait été reçu au château de Mont-de-Marsan par le roi de Navarre vers 1 heure de l'après-midi : « Incontinent se meirent à table, ce qui ne fut sans tenir plu-

____

(1) Archives des Basses-Pyrénées, E. 413. — Bibliothèque nationale, collection Doat, CC, fol. 143.

sieurs propos les ungs après les autres. Les mains lavées et grâces dites, chacun se leva et après devisèrent de rechief... en attendant que chacun eut disné et que leurs montures fussent venues. Le tout prest, 4 heures après-midi approuchant, montèrent à cheval et allèrent prendre le chemin de ladite abbaye de Verrières pour aller trouver le Roy... Ils arrivèrent bientôt à ladite abbaye en l'église de laquelle s'était déjà appresté révérend père en Dieu, Monseigneur de Lisieux (Jean le Veneur), grand aumônier dudit seigneur, lesquels après qu'ils se furent repousés et mis en ordre allèrent en ladite église, *qui estoit assez tard*, et lors ledit évêque les espousa, et après s'allèrent mettre à table pour souper. Le lendemain jeudi septiesme jour du mois de juillet, après dîner, partirent de ladite abbaye de Verrières et prinrent le chemin de la ville et cité de Bazas. » La description que le même auteur fait des environs du monastère ne saurait laisser subsister le moindre doute, car elle ne peut en rien convenir à Mont-de-Marsan. « Il faut entendre, dit-il, que la presse estoit si grande qu'il y en eust beaucoup qui tiendrent camp parmi les Lannes, *car de grands villages à l'entour n'y avoit*, ne pareillement à boire et à manger pour tant de gens, par quoy n'y firent long séjour[1]. » Cette visite royale fit tressaillir pour la dernière fois cette modeste solitude; mais si le monastère n'est plus mentionné dans nos annales, il ne disparut pas cependant, et le grand atlas de Robert (1753) indiquait encore Verrières à égale distance de Villeneuve et de Saint-Justin.

Les Clarisses de l'hôpital Saint-Jacques, si heureusement placées aux portes de Mont-de-Marsan, n'avaient cessé de voir prospérer leur maison, tandis que celle de Beyries rentrait modestement dans l'ombre. A son retour de captivité (1526), François Ier s'y arrêta quelques jours auprès de sa cousine Marie d'Albret, abbesse de ce monastère[1]. Les religieuses devaient faire leur réforme en sa présence entre les mains du P. Verduzan, commissaire apostolique, et, à la place de la règle primitive prescrite par saint François à sainte Claire, accepter les règlements mitigés autorisés par Urbain VI en faveur de leur ordre. Des difficultés surgirent à cet égard, puisqu'en 1540 Marguerite de Navarre chargeait son chancelier de faire cette réforme et d'informer au sujet des injures dites contre les Clarisses de Mont-de-Marsan *et le beau père Verduzan*[2].

A cette époque, la frivole princesse ne manquait pas une occasion de tourner en ridicule les religieux de tous les ordres. Grâce à sa protection, les docteurs de la réforme répandaient déjà dans nos contrées leurs enseignements pernicieux et les Clarisses, si longtemps protégées par les vicomtes de Marsan, ne devaient pas tarder à être victimes des discordes civiles. Lors des premiers troubles (1561)[3], le capitaine de Mesmes[4] envoya un corps de soldats protestants faire le siège de leur couvent, bien qu'il fût placé sous la sauvegarde du roi de Navarre. Les murailles furent escaladées; mais, pendant que les assaillants brisaient les portes et les grilles, les religieuses, emportant les archives, les reliques et les vases sacrés, se sauvèrent par une issue qui donnait sur

---

(1) C'est alors qu'il remarqua, parmi les filles d'honneur que sa mère lui avait amenées pour lui faire oublier les ennuis de sa prison, Anne de Pisseleu qui, sous le nom de duchesse d'Etampes, devait exercer sur lui une si scandaleuse influence.

(2) Archives des Basses-Pyrénées. E. 572.

(3) Et non point en 1557, comme le dit Dulamon (*op. cit.* page 104). A cette date, en effet, les troubles n'avaient pas éclaté et, malgré les objurgations de Calvin, le roi et la reine de Navarre n'osaient encore embrasser ouvertement la réforme.

(4) Jehan de Mesmes, fils d'Antoine, sieur de Patience. Il épousa 1° Gabrielle de Los, dont il eut Isaac sieur de Pavichat et de Patience; 2° Eléonore de Karbotan (23 août 1593). Ce fut un des capitaines huguenots les plus redoutables du Marsan.

les remparts. Une poterne leur fut ouverte et elles purent se réfugier dans la ville. Le feu avait été mis au couvent; il en détruisit la toiture et les boiseries, mais les murailles restèrent debout. Les Clarisses fugitives trouvèrent un asile « dans une maison appartenant à Martin de Mesmes, grand-écuyer de la reine de Navarre, qui répara par cette pieuse hospitalité l'odieux exploit de son parent [1] » (27 décembre 1561).

Après la paix de Saint-Germain, elles revinrent à l'hôpital Saint-Jacques (1571) et s'en virent chassées une seconde fois par Johan de Mesmes (1577). A l'approche de Villars, qui regagnait Bordeaux après son expédition en Armagnac, ce capitaine, qui était redevenu maître de Mont-de-Marsan, se croyant menacé d'un siège, fit abattre les murailles du couvent et obligea ainsi les religieuses à rentrer dans l'intérieur de la ville. Elles y acquirent alors les immeubles nécessaires pour une installation définitive (1577). Outre la maison de Mesmes, qui leur fut cédée au prix de mille écus [2], elles achetèrent la maison dite de Sainte-Croix en la rue du Bourgneuf, celle dite de Torrete, confrontant par derrière à la rue Maubec, et une troi... ne rue Bourgneuf. Plus tard, Henri IV acheva de raser les murs de l'hôpital Saint-Jacques, et sur l'emplacement fit élever un bastion (1586). Les religieuses ne furent cependant pas dépossédées entièrement, car elles conservèrent en ce même endroit une maisonnette, à laquelle étaient annexés un jardin, des terres labourables et des bois [3].

Dès que la guerre se fut éloignée, les Clarisses travaillèrent activement à faire disparaître les traces des désastres qu'elle leur avait causés et, bien qu'il fût le chef

---

(1) Dulamon, *op. cit.*, page 105. Disons que son récit de ces troubles est trop souvent empreint de partialité.
(2) Archives des Landes, E. 31. — H. 181.
(3) Archives des Basses-Pyrénées, B. 1,382.

des protestants, Henri de Bourbon leur témoigna la même bienveillance que les vicomtes de Marsan ses prédécesseurs. A leur requête, il donna des lettres de sauvegarde aux habitants d'Estigarde (4 décembre 1583) et, par une missive datée de Mont-de-Marsan, il permit « aux dites dames religieuses de faire mettre et apposer és lieux plus esminans de leurs maisons, terres, mestairies les panonsaulx de ses armes (14 décembre 1587)[1] ». En les prenant ainsi ouvertement sous sa protection au moment où il quittait définitivement la Gascogne pour aller rejoindre Henri III, il espérait mettre leurs possessions à l'abri des dévastations de ces bandes de pillards qui, malgré sa défense, ne cessaient de parcourir cette région.

A la faveur de ces longs désordres, les religieuses avaient vu leurs droits méconnus sur plus d'un point et pour les recouvrer durent recourir aux tribunaux. Les habitants de Mont-de-Marsan furent ainsi contraints de leur payer la redevance de sermenage, avec tous les arrérages qui leur étaient dus de ce chef depuis vingt-neuf ans (10 mai 1610). Elles furent maintenues dans l'exercice de la justice civile dans les paroisses du Frèche, Saint-Vidou, Saint-Laurent, Lacquy, contre les prétentions de Jacques de Laborde, sieur de Tampoy, qui s'en était emparé par violence « au moyen d'une garnison forte qu'il tenoit en une sienne maison qu'il avoit en la juridiction de Frèche » (1610)[2]. Elles ne se contentaient pas de concéder leurs fiefs à d'humbles tenanciers, elles comptaient encore les seigneurs du pays au nombre de leurs feudataires. Noble François de Busty, seigneur de Busta, leur payait 4 sols morlans et 4 arditz pour maisons et jardins en Villeneuve (1585); Pierre Couseilhat, notaire, 3 sacs pour maisons et jardins; Domengine Destephen,

<hr>

(1) Archives des Landes, II. 185.
(2) Archives des Landes, II. 187.

16 sous 1 ardit 2 baquettes pour le bourdieu du grand Johan [1]; nobles Etienne Pitard, Guy de Goulard, baron de La Porte et co-seigneur de Roquefort, Isaac de Mesmes, sieur de Patience (1607) [2], furent aussi au nombre de leurs tributaires.

En même temps elles poursuivaient activement la construction de leur nouveau monastère, et l'évêque d'Aire, Gilles Boutault (1625-1649), fit la dédicace de leur église (1631). Les plus nobles familles du pays tenaient toujours à honneur de voir quelqu'une de leurs filles revêtir l'humble habit de sainte Claire; ainsi Marthe de Saint-Jean entrait en religion à l'âge de 15 ans (1651) et, à cette occasion, nous recueillons quelques détails intéressants sur les conditions de l'admission des novices. La dot de la postulante était de 1,900 livres. Son vestiaire se composait de sept aunes de serge, six aunes de razo grise, douze aunes de courdeilhat. Elle apportait un chalit garni de deux matelas, un traversin de cadix, une couverture, douze linceuls, douze chemises, six aunes de toile de Labat, huit aunes de toile écrue, deux de mousseline, un chandelier doré, une cuiller d'argent, un bréviaire, un cabinet garni de serrures, deux nappes de trente-six pans de long, deux douzaines de serviettes, une écuelle, six plats. Elle devait fournir le luminaire et le festin le jour de sa profession [3]. Nous doutons fortement que ce vestiaire et cet ameublement, dont se contentait alors une fille de noble origine, pût satisfaire aujourd'hui les désirs d'une modeste bourgeoise : il est vrai que l'une entrait en religion pour se consacrer à la pénitence et que l'autre demeure dans le monde pour en savourer les plaisirs, mais trop souvent aussi pour y éprouver d'amères déceptions.

(1) Archives des Landes, II. 206.
(2) Archives des Landes, II. 209.
(3) Archives des Landes, II. 214.

Le noviciat était de trois ans; l'abbesse, élue pour trois ans, pouvait être choisie de nouveau à l'expiration de sa charge[1]; ainsi Françoise III de Bordenave fut renommée trois fois entre 1658 et 1668. Le monastère devint si prospère que Françoise II de La Taulade songea à fonder d'autres maisons. La communauté de Roquefort autorisa le sieur Farbos, auditeur des comptes du sénéchal de Marsan et agissant au nom des religieuses, à établir un couvent de Clarisses à Roquefort, dans la maison appelé Cambery et que la ville leur cédait ainsi que le jardin qui descend vers l'Estampon (16 août 1651). Les démarches furent faites auprès de l'évêque d'Aire, Charles d'Angluro de Bourlemont (1650-1657), qui autorisa cette nouvelle fondation. Les troubles violents de la Fronde retardèrent jusqu'au 29 juillet 1657 l'ouverture de la maison. Mais à cette date Josèphe de Pruguo, Françoise de Momas et Jeanne-Marie de Campet, conduites dans un carrosse par Bahans, délégué du provincial des Frères Mineurs d'Aquitaine, prirent possession de cette demeure et « furent visitées de tous les habitants de la ville de l'un et de l'autre sexe, de l'une et de l'autre religion, avec de grandes démonstrations de joie et offres de service[2]. » A son retour de Saint-Jean-de-Luz, Louis XIV, qui venait d'accorder des lettres de sauvegarde au couvent de Mont-de-Marsan[3], leur donna une custode d'argent (20 juin 1660). Jeanne-Marie de La Planche, dame de Gaube, Peyrelongue et Marsan, veuve de messire Bertrand Du Lus, sieur de Marsan, Roquefort et Goalard, leur fit de nombreuses donations et fut reconnue pour fondatrice en assemblée générale. A la suite des Clarisses, les Frères Mineurs vinrent se fixer à Roquefort et l'évêque

(1) Archives des Landes, H. 201.
(2) Archives des Landes, H. 223.
(3) Archives des Landes, H. 192.

d'Aire Bernard de Sariac (1657-1672) accorda au P. Treilles, provincial des Cordeliers de la province d'Aquitaine, de bâtir en cette ville un couvent de son ordre[1], qui fut plus tard annexé à celui de Mont-de-Marsan[2] (3 nov. 1661), par un article de la congrégation des Frères Mineurs (27 juin 1673).

Ces deux fondations furent faites dans des conditions fort précaires et les Clarisses de Mont-de-Marsan avaient dû constituer aux sœurs de Campet et Momas des pensions qu'elles se lassèrent vite de payer. Elles supplièrent donc le P. Provincial de les supprimer et d'obliger les sœurs à rentrer au couvent. Le Provincial fit droit à cette requête et prononça la fermeture du couvent de Roquefort (26 mai 1667). La ville protesta contre cette décision et une transaction intervint entre les religieuses[3] (24 juin 1672). Les Clarisses de Mont-de-Marsan réclamant la moitié du sermenage, les jurats consentirent à leur payer onze livres par an (1719)[4]. La maison de Roquefort continua donc de subsister, mais sans grand éclat. Jeanne de Grenier, placée à sa tête (1715), prenait pompeusement le titre d'abbesse, et les documents contemporains nous fournissent sur l'ameublement de sa chambre des détails propres à nous édifier. Ils nous apprennent qu'on y trouvait deux lits, deux armoires, six chaises de paille, un fauteuil garni de cadix vert, un grand tableau de sainte Catherine, deux chandeliers en laiton, une paire de chenets et une pelle de fer. Comme on le voit, les romanciers n'auraient pas eu lieu d'exercer leur verve maligne au dépens du sensualisme monacal. Aussi, impuissant à remédier à cette pénurie, l'évêque d'Aire

----

(1) Archives des Landes. II. 151.
(2) Archives des Landes, II. 154.
(3) Archives des Landes, II. 229.
(4) Archives de Roquefort, BB. 31-42. L'autre moitié du sermenage appartenait à M. de Lassalle.

François de Sarret de Gaujac (1735-1757) fut-il réduit à supprimer définitivement cette maison [1].

Une seconde, fondée à Tartas, n'eut pas un meilleur sort. Par lettre de cachet, le Roi avait défendu aux religieuses de recevoir des novices, et les démarches que la ville fit pour obtenir révocation de cet ordre n'obtinrent pas le moindre résultat (1740) [2]. Bien plus, un arrêt du Conseil d'Etat ferma ce couvent (20 mars 1774). Aussitôt les Clarisses adressèrent une pétition à l'intendant de Bordeaux, Esmangart (1775); mais le subdélégué de Dax fut d'avis qu'on la rejetât parce qu' « outre qu'elles ne sont que quatre vieilles filles », elles avaient, au dire de l'Evêque [3], une conduite très repréhensible, « par l'abus qu'elles font de la faiblesse des gens de la campagne, en leur persuadant que les étoles qu'elles leurs confiaient avaient des vertus particulières; au moyen de quoi elles leur arrachaient des rétributions » [4]. A leur place, l'évêque installa les Ursulines (1777).

Mais si les succursales s'étiolaient promptement, la maison mère prospérait toujours. Augusta d'Auzolle, femme de Bernard II de Castelnau-Brocas, avait fait aux Clarisses un legs de 75 livres pour fondation d'une messe à dire le 25 novembre (19 mai 1653), et cet argent fut employé à la construction de deux caveaux pour la sépulture des religieuses [5]. Elles comptaient parmi leurs tenanciers Pierre Dufourg, seigneur d'Ognoas; Castéra; Castet-Merle, écuyer; Guillaume Duprat, écuyer; Malartic de Fondat; Olivier de Pujolé, vicomte de Juliac (1660) [6]; Jean-Jacques de Camon, écuyer, seigneur de Luchardès

(1) Archives des Landes, H. 331.
(2) Archives de Tartas. BB. 9.
(3) Charles-Auguste Le Quien de la Neufville.
(4) Archives des Landes, H. 227.
(5) Légé, *Les Castelnau-Tursan*, I, page 229.
(6) Archives des Landes, H. 215.

(1699)[1]. Magdeleine de Lobit, abbesse, suivie de ses religieuses, vint prêter serment de fidélité au Roi entre les mains de Pierre de Loyard, maître ordinaire des comptes de Navarre, « sur un carreau de velours à fleur de lys... pour raison de la maison de Beyries, justices, fiefs, sermenages et autres droits et devoirs seigneuriaux qu'elles ont et possèdent dans la ville de Mont-de-Marsan, villes de Roquefort, Villeneuve, paroisses de Saint-Laurans-du-Frèche, Saint-Vidou, Goussies, Douzevielle, Lacquy, Saint-Etienne, Saint-Martin-de-Noët, Eyres, Estigarde, Perquie, Sainte-Foy, Lusson, Saint-Cricq, Cère, Saint-Avit, Saint-Pierre-du-Mont, Sainte-Croix-de-Rague, moulins nobles et droits de pascage du Frèche, Estigarde, Villeneuve, Sainte-Foy et Lusson, le tout situé dans la vicomté de Marsan-Tursan et Gabardan »[2].

L'administration de ces vastes domaines et le soin de veiller à la sauvegarde de leurs droits troublèrent souvent la tranquillité des religieuses. Jehan de Léglize, notaire royal au Frèche, ayant voulu faire contribuer les vassaux de l'abbaye au paiement de certaines taxes, s'attirait la lettre suivante :

Sieur Léglize, je suis bien aise d'avoir aprins que vous vous êtes autorisé de faire paié cotise à nos metayers et vignerons et le reste du bien qu'ils travaillent et tiennent de nous est noble; il vous est bien défendu d'y toucher, car nous en avons de très valables excautions, je les ay défandu d'en payer rien et si vous fetes rien à leurs preiudices, vous devés crère que nous somes aces puisantes pour les défandre; ainsy les menaces ne nous agréent pas et vous agirés comme vous savés que vostre devoir vous y oblige et je seré, sieur Léglise,

Vostre tres humble servante en Dieu,

De LABATTUT, abbesse.

Ce 12 février 1649 (3).

(1) Archives des Landes, II. 218.
(2) Archives des Landes, II. 216.
(3) M. Romieu, *Histoire de la vicomté de Juliac*, page 129.

Mais c'est surtout la terre d'Estigarde qui leur créait des difficultés. En vain Henri IV avait-il donné des lettres de sauvegarde aux habitants de cette paroisse (4 décembre 1583) [1]; malgré la décision du Parlement de Bordeaux (15 avril 1499), les représentants de la communauté de Gabarret n'avaient pas renoncé à faire valoir leurs prétentions sur cette partie du Gabardan. Les procédures recommencèrent donc au sujet de la justice criminelle que les consuls réclamaient pour eux (1674) [2]. A l'occasion de ces discussions les voisins devenaient envahisseurs; mais le sénéchal de Marsan défendit aux habitants de Saint-Julien de faire paître leurs troupeaux dans les vacants d'Estigarde et leur assigna pour limites le chemin de Hardala [3]. Les religieuses firent aussi publier un mémoire pour combattre les prétentions de leurs adversaires (1750) [4]. Les habitants d'Estigarde reconnurent qu'elles « possédaient noblement la paroisse d'Estigarde avec les habitants d'icelle, ensemble toute justice excepté sang et meurtre (1750) [5] ». Gabarret l'emporta d'abord et un arrêt du Conseil d'Etat réunit Estigarde à cette communauté (1776) [6]; mais les Clarisses poursuivirent leurs revendications, et un arrêt du Parlement de Bordeaux sépara de nouveau Estigarde de Gabarret, pour en former une bastille particulière qui fut comptée dès lors parmi celles du Marsan et prit rang après Loubens (15 juin 1779) [7].

Au cours de ces longues procédures, une autre branche des Frères Mineurs, celle des Capucins, s'était implantée parmi nous. Par une bulle de 1537, le pape Paul III leur

(1) Archives des Landes, II. 183.
(2) Archives des Landes, II. 194.
(3) Archives des Landes, II. 196.
(4) Archives des Landes, II. 197.
(5) Archives des Landes, II. 214.
(6) Archives des Landes, II. 198.
(7) Archives des Landes, II. 200.

avait défendu de s'établir ailleurs qu'en Italie; mais à la demande de Charles IX cette défense fut levée par Grégoire XIII, qui permit à ces religieux de franchir les monts. Ils eurent leurs premiers établissements en France dès 1565. Pour les attirer en Gascogne, les Bénédictins de Saint-Sever leur concédèrent pour un an la chapelle de Saint-Gérons, qui dépendait de leur monastère, en attendant qu'ils eussent trouvé un endroit pour y construire leur couvent (28 juin (1620). Les Capucins ayant vainement cherché le lieu convenable, les Bénédictins proposèrent de leur abandonner une partie de leur monastère, s'ils obtenaient de Rome leur sécularisation (28 avril 1622)[2]. Mais leur demande fut repoussée et alors ils autorisèrent les Capucins à se fixer au faubourg de La Guillerie, dans un emplacement relevant de leur directe, à condition que ces religieux assisteraient aux processions générales de l'Ascension, de Pentecôte, du Très Saint-Sacrement, de saint Jean, de saint Sever, de saint Fabien et saint Sébastien et autres processions générales, qu'ils s'abstiendraient « de recevoir aucun mortuaire » et de léser les droits curiaux, qu'ils viendraient en procession à l'église du monastère le 11 juillet jour de la translation de saint Benoît, y célèbreraient la messe et feraient le panégyrique du Saint. En temps de Jubilé, les Bénédictins avaient le droit de venir faire une station et dire la messe dans l'église des Capucins et ceux-ci étaient tenus, le samedi de la fête du Saint-Sacrement, anniversaire de la pose de la première pierre de leur église de Notre-Dame des Anges, de les recevoir en procession à la porte de ce sanctuaire s'ils se présentaient pour y dire la messe et de faire une prédication (8 juin 1624)[1].

Les Capucins ne furent pas aussi bien reçus quand ils

(2) Du Buisson, *Hist. Mon. St Severii libri X*, tome 1, page 378-382.
(1) Archives des Landes, II. 165.

songèrent à s'installer à Mont-de-Marsan. Le conseil de ville s'y opposa « attendu la pauvreté des habitants et qu'il y a deux couvents de Cordeliers et de Barnabites, et deux autres de religieuses de Sainte-Claire et de Sainte-Ursule et vingt-cinq prêtres habitués pour le service de l'église paroissiale (1677)[1] ». Cet échec ne découragea pas les humbles religieux, qui se présentèrent de nouveau (1699). Cette fois c'est le curé Pierre Gros qui les écarte encore, déclarant, à la suite des conseillers laïques, qu'il y avait déjà vingt-cinq prêtres séculiers, seize à dix-huit cordeliers et dix barnabites[2], « nombre bien suffisant pour la population de la ville[3] ». De nos jours (1875), M. l'archiprêtre Malet devait réparer l'erreur de son prédécesseur, en appelant les Capucins, qui ont été parfaitement accueillis par la population et continuent à vivre entourés de respect et de vénération. Du reste, repoussés de Mont-de-Marsan, ils s'étaient établis à Grenade, où ils se trouvaient encore lorsqu'éclata la Révolution. Tandis qu'approchait lentement la redoutable tempête qui devait pour un moment faire disparaître les ordres religieux, un peu endormis dans les douceurs de la paix, et laisser après elle tant de ruines irréparables, les Clarisses continuaient de distribuer à de puissants seigneurs les terres de leur riche patrimoine. Elles en avaient concédé cent vingt journaux à Jacques de Saint-Julien, baron de Momuy[4]; deux cent soixante-

(1) Archives de Mont-de-Marsan, BB. 1.

(2) Ils avaient été appelés à diriger le collège par contrat passé en 1658. Ils s'engagèrent à faire les classes de 5e, 4e, 3e, rhétorique et philosophie; le maire et les jurats, à leur fournir un établissement meublé et une rente de 2,400 livres pour leur entretien et celui des régents particuliers. Pour établir le collège, la ville acheta au prix de 8,000 livres la maison et les jardins de Charles de Junca, sieur de Cachen et de Pellecagot. Louis XIV confirma ces conventions (Archives des Landes, II. 166) et plus tard (1691) autorisa l'union de la cure de Benquet à leur couvent. (Archives des Landes, II. 241.)

(3) Archives des Landes, II. 151.

(4) Étienne de St-Julien, fils de Pierre, baron de Momuy, avait épousé Catherine, fille de Bertrand du Lin-Marsan, seigneur de St-Martin-de-Noët. C'est ainsi que la famille de St-Julien d'Arzacq (B.-P.) s'établit au pays de Marsan.

deux journaux à Jean de Montaut, écuyer; deux cent quatre-vingt-seize journaux au sieur de Lobit, procureur du Roi; cent soixante-dix-huit journaux à Arnaud Rechède, notaire royal et juge du Frèche (1718)[1]. Noble Charles de Batz, écuyer, seigneur de Laubidat et de Saint-Justin, leur donnait 2 livres 3 sols 5 deniers pour la métairie de Caillerat; Marie Broua, 5 livres 14 sols 2 deniers pour trois métairies en la paroisse du Frèche; François Lubet, seigneur de Lacquy, 5 livres 5 sols 9 deniers pour deux métairies de la contenance de soixante-dix journaux, onze lattes, cinq escats; César Phœbus de Ferron, seigneur, vicomte d'Ambrus, baron de Saint-Gein, 3 livres 7 sols 1 denier (1719-1739).

Mais les Clarisses ne devaient pas jouir longtemps encore en paix des richesses que la piété des fidèles leur avait procurées et le moment était venu où elles allaient être emportées par la tourmente. Lorsqu'éclata la Révolution, elles comptaient encore vingt-une religieuses de chœur, quatre sœurs converses et une novice. Les religieuses étaient Marie de Junca, abbesse (Mont-de-Marsan, 21 février 1721), Claude de Juliac, vicaire (Betbezer, 1721); Magdeleine Sentets (Mont-de-Marsan, 8 octobre 1709), Marie Sentets Saint-Joseph (Mont-de-Marsan, 1721), Anne Cloche de Cadrieu (Mas d'Aire, 3 décembre 1720), Anne de Poyferré (11 mai 1726), Jeanne de Barbotan-Mormès (Le Houga, 10 février 1738), Marguerite de Camon (Saint-Justin, 13 avril 1732), Jeanne Dupouy (1735), Cécile d'Abadie de Bargues (Mont-de-Marsan, 10 octobre 1741), Marguerite Domenger (Mugron, 1754), Marie Gourgues (Pissos, 26 septembre 1756), Marie Lafont de Gourgues (Pissos, 24 avril 1758), Jeanne Lasies (Le Houga, 1754), Marie de Benquet (Houga, 6 août 1750), Jeanne Saint-Pierre Lauray (Saint-Martin-de-

Noël, 6 août 1762), Marie Arnaudery (Mont-de-Marsan, 6 janvier 1760), Catherine Brunet (ibid.), Jeanne Momès (Houga, 19 octobre 1750), (Catherine) Laurans (Mont-de-Marsan, 23 novembre 1745), (Marie-Pauline Sainte-Rose) Laurans (Mont-de-Marsan, 25 mars 1757). Les quatre sœurs converses étaient Catherine Domenger (78 ans), Catherine Labarbe (56 ans), Françoise Lestournel (49 ans), Catherine Laboudigue (43 ans).

L'inventaire des biens porte que les religieuses avaient un revenu de 12,232 livres, 3,507 livres de cheptel et un troupeau de quatre-vingt-deux brebis dans deux métairies de Sainte-Foy et de Lacquy; mais elles avaient 8,071 livres de charges¹ dont 3,000 pour réparation des toits, moulins et bâtiments, frais d'avocats, de procureurs, de médecin, chirurgien, apothicaire, aumônier, domestiques, impositions. Elles possédaient à Saint-Laurent les métairies de Cap de Bos (4,100 livres), Luciné (7,700 livres), Bacqué, Baron, Mathieu, Larose (44,900 livres), Couchet (4,280 livres), le moulin de Beyries à Goussies (9,000), ceux d'Estigarde (6,000 livres), du Frèche (2,900 livres), les métairies de Pemengnan à Saint-Médard (7,050 livres), de Laberot à Estigarde (6,100 livres), de Matila à Lacquy (4,700 livres), de Beyries au Frèche (10,000 livres).

Bien qu'elles eussent déclaré vouloir toutes demeurer au couvent, les Clarisses furent expulsées de leur demeure (1er octobre 1792), dont les bâtiments servirent de caserne. En 1810 Panay, ingénieur en chef des ponts et chaussées, dressa les plans pour élever à la place l'hôtel actuel de la préfecture (1810-1820).

<hr>

(1) M. Tartière (*op. cit.*, page 384) dit 12,632 livres de revenu et 1,656 livres de charges. Les chiffres donnés plus haut sont ceux qu'indique M. Légé (*Les diocèses d'Aire et de Dax*, tome II, page 290-291).

LISTE DES ABBESSES DES CLARISSES (1)

* 1253 (?) Gilette, fille de Gaston VII (2). (Arch. des Landes, II. 170.)

* 1271. Navarre Dourdans (Dausdans). (Id., *ibid.*)

1304-1308. Dolce de Pontac (3). (Id., II., 173.)

1310-1324. Raymonde Descurès (4). (Id., II., 174.)

1333-1334-1344. Esclarmonde Daudains.

1374. Chalers de Latrene.

1400-1408. Marguerite I de Serres. (Arch. des Landes, II. 179.)

1410. Marguerite II de Brée.

1468. Anglese I du Cournau. (Arch. des Landes, II. 179.)

1473. Anne Doos.

1481-1482-1484. Anglese II (Agnes) du Cournau. (Arch. des Landes, II. 224.)

1498. Catherine I de Camont.

1519-1521. Marie I d'Albret. (Arch. des Landes, II. 181.)

1527. Catherine II d'Albret.

1533-1535-1541. Anne de Béarn.

* 1574. Jeanne d'Albret (5). (Arch. des Landes, II. 204.)

1575. Marie II de Bitarre.

1576-1578. Catherine II de *la* Mourelle.

1580-1584-1585-1588-1590. Magdeleine I. Didron.

1598. Jeanne I de Peyran.

1603-1607-1609. Marie III de Gayon (6). (Arch. des Landes, II. 201 et 209.)

(1) Nous avons essayé de revoir et de compléter à l'aide des archives des Landes et de quelques archives particulières la liste des abbesses dressée par D. Jérôme Deydier au xviiiᵉ siècle et publiée dans le *Gallia christiana*, en marquant d'un astérisque les noms que nous avons ajoutés.

(2) Probablement une fille naturelle. (Voir page 4 note 2.)

(3) Elle concéda avec la vicomtesse Constance les coutumes du Frèche. Les religieuses de chœur étaient en ce moment: Ramonde de Montaurat, Miquèse de Monstros, Claire d'Aberon, Dolce de Sévignac, Durance de Lesongues, Ramonde Descures, Marie de Monstros, Claire d'Abos, Antioque de Bezaudun, Gailharde de Sénat, Marie de Gramont, Philippe de Lafitolle, Clarmonde Darribère, Cordor de Bascor (Bascon), Alsaride de Pontacq, Tigbord de Sédirac, Peyronne de Tartas, Grasse de Menice, Ramonde de Fossats et Bénédite de Beausten.

(4) C'est elle qui reçut le rescrit du pape Jean XXII, confirmant les donations faites au couvent et daté du 11 des nones de février, la 3ᵉ année de son pontifical. (4 février 1319.)

(5) La reine huguenote étant morte en 1572 ce ne peut être qu'une homonyme.

(6) Le *Gallia christiana* porte : XIX. Maria III de Gayon, Forte de Gasson, 1603; XX. N. de Gasson, 1609; ce n'était qu'une même personne, Marie de Gayon.

1613-1615. N. de Bernet.

1619. Navarre de Michari.

1622-1623-1625. Agnès III (Anne) De Poyferré. (Arch. des Landes, H. 202, 204.)

1626. Françoise I de Romat. (Arch. des Landes, H. 202.)

* 1627. Agnès de Poyferré. (Arch. des Landes, H. 290.)

1629. Françoise de Romat. (Arch. des Landes, H. 204.

1638-1639. Jacquette de Chambre (Jacoba).

1640. Josèphe de Prugue.

1643-1644. Jeanne II de La Taulade.

1646. Jeanne III de Marrein.

1646-1649. Marie IV Le Blanc de Labatut.

1649-1652. Françoise II de La Taulade.

* 1652. Magdeleine II Didron. (Arch. des Landes, H. 202.)

1653. Quitterie de Barry. (Légé, *Les Castelnau-Tursan*, t. I, p. 229.)

1653-1655. Jeanne IV de Marrein.

1657. Jeanne V de l'Artigue.

Françoise III de Bordenave (trois fois abbesse).

Anne II de Mirefontaine.

Marie V de Prugue.

Jeanne VI du Cournau.

Françoise IV du Cournau.

Magdeleine III de Lobit.

1680. Magdeleine IV de l'Artigue.

Françoise V d'Argelouse.

Marie VI d'Arouille.

Louise de Bordenave.

Marthe de La Chapelle.

Françoise VI de Castéra.

Louise de Bordenave (pour la 2ᵉ fois).

Magdelaine V (III) de Caillau.

Jeanne VII de Juncarot-Dupin.

* 1698. Marie VII de Prugue. (Arch. des Landes, H. 212.)

1700. Françoise VI de Castéra (pour la 2ᵉ fois) (1).

1703. Magdeleine V de Caillau (pour la 2ᵉ fois).

* 1706. Jeanne-Marie de Vanthau. (Arch. des Landes, H. 196.)

* Magdeleine VI de Prugue. (Arch. des Landes, H. 196.)

1710-1711. Marie VIII du Cournau. (Arch. des Landes, H. 196.)

(1) L'abbesse était alors élue pour trois ans et pouvait être réélue. (Archives des Landes, H. 201.)

* 1720-1725. Magdeleine VII Lefranc. (Id., *ib.*.)
* 1726. N. de Tastet. (Arch. de Malartic).
* 1728-1730. N. de Nozeilles. (Id.)
* 1732-1734. N. de Vesoris. (Id.)
* 1734-1736. N. de Nozeilles. (Id.)
* 1738-1739. N. de Barbotan. (Id.)
* 1740. N. Lefranc. (Id.)
* 1744. N. de Prugue. (Id.)
* 1747. N. Dulau. (Arch. des Landes, II. 201.)
* 1750-1752. N. de Barbotan. (Arch. de Malartic.)
* Nov. 1752. N. Le Franc. (Id.)
* 1756. N. de Sentetz. (Id.)
* 1758-1759. N. Le Franc. (Id.)
* 1764. N. de Busquet. (Arch. des Landes, II. 201.)
* 1772. Claude de Juliac. (Arch. des Landes, II. 198).
* 1773. N. de Classun. (Arch. des Landes, II. 201).
* 1775. N. de Castaignos. (Id., *ibid.*)
* 1779. N. de Saint-Paul. (Id., *ibid.*)
* 1782. N. de Marsan. (Id., *ibid.*)
* 1783. N. de Cadrieu. (Arch. du Lin-Marsan.)
* 1788. Marie de Junca. (Arch. des Landes, II. 200.)

Impr. et Lith. O. FOIX. — 4, rue Balguerie, AUCH

122

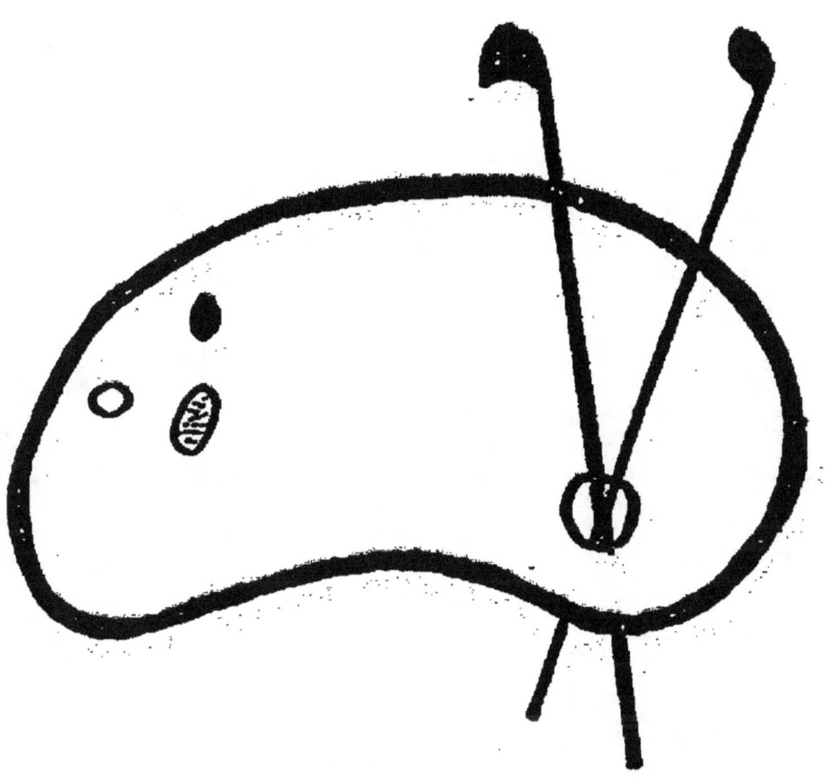

ORIGINAL EN COULEUR
NF Z 43-120-8